So Nah

AF138785

und

doch so Fern

Vielfältigkeiten

und

Sehnsüchte

Herstellung und Verlag:
BoD - Books on Demand, Norderstedt
ISBN 978-3-7357-8686-9

Inhaltsverzeichniss

Sommer im Meer

Die Sonne strahlt,
das Meer sich kräuselt,
die Möwe ruft,
die Krabbe sanft
seitwärts sich schiebt,
die Fische springen,
ziehen ihre Bahn,
Muscheln sanft
auf dem Meeresboden
sich wiegen,
die Sonne bricht durch das Wasser.
Es ist Sommer
im Meer.

<u>Bulgarien</u>

Weiß, wie die Sehnsucht der Unschuld.
Grün, wie die Hoffnung der Zukunft.
Rot, wie das Leid der Vergangenheit.

Weiß, wie der Schnee in den Bergen.
Grün, wie die Wiesen und Felder.
Rot, wie die blühenden Rosen.

Weiß, wie die Wolken am Himmel.
Grün, wie die Bäume im Frühling.
Rot, wie die Sonne über dem Meer.

Weiß, wie Sirene vom Schaf.
Grün, wie Gurke vom Bauern.
Rot, wie Tomate vom Strauch.

<u>България</u>

Бяла, като копнежа на невинността.
Эелена, като надеждата на бъдещето.
Червена, като тъгата на миналото.

Бяла, като сега в планините.
Эелена, като пасбищата и полята.
Червена, като раэцъфващите роэи.

Бяла, като облаците на небето.
Эелена, като дърветата преэ пролетта.
Червена, като слънцето над морето.

Бяла, като сирене от овцата.
Эелена, като гурката на селянина.
Червена, като доматите от храста.

<u>Heimat</u>

Heimweh,
nein das brauch ich nicht.
Geboren in einem Land,
dessen Sprache ich spreche,
aber nicht verstehe.
Kälte und Stumpfsinnigkeit,
Neid und Hass,
Gier und Geltungssucht.
Nein das will ich nicht.
Bin zu Hause,
sprech die Sprache nicht,
aber versteh Mensch und Tier.
Sorgen und Nöte,
trotzdem offen die Türen,
freundlich und fröhlich.
Mein Pass sagt,
Du bist Deutscher.
Ich sag: "Na und."

<u>Nachteinbruch</u>

Dort ein Halm
des letzten Grases.
Das Meer rauschend,
die Nacht kehrt hernieder.
Die Wellen erheben sich.
Sie künden von einer Nacht,
wo sie sich vom Ufer holen,
was ihnen gehört.
Ein Paar zärtlich sich küsst,
die letzten Angler.
Der Mond als Sichel,
erhebt sich mahnend,
verlasst das Ufer.
Denn die Wellen,
kommen in der Nacht,
holen sich,
was ihnen gehört.

<u>Ich und das ä</u>

Da und doch kein Buchstabe,
machst mich zur Witzfigur,
wenn dich benutze.
Versteh dich nicht,
kapier dich nicht.
Sie schmeißen dich,
einfach so in den Satz.
Beim Buchstabieren begleites,
alles von vorn bis hinten.
Mein Kopf sagt,
warum bist du keine Zahl,
das kommt in mein Hirn.
Trotzdem lieb ich dich,
denn du gehörst zu einem Ganzen.
Du gehörst zu Bulgarien.

Schwarzes Meer

Es singt sein Lied
von Ruhm, Ehre und Leid.
Es rauscht am Ufer
sanft und friedlich.
Es zieht mich in seinen Bann.

Oh du herrliches,
Oh du schönes,
Schwarzes Meer.

Am Horizont die Schiffe ziehen
nach Odessa, Sotchi oder Istanbul.
Sie fahren der großen See entgegen.
Ich lass meine Gedanken
mit ihnen ziehen.

Oh du herrliches,
Oh du schönes,
Schwarzes Meer.

Auch wenn du tobst,
nimmst das was dir gehört.
Doch erscheinst du uns,
wie ein Segen.
Du nährst uns,
gibt's von deinem Reichtum.

Oh du herrliches,
Oh du schönes,
Schwarzes Meer.

Viele Sagen und Märchen
ranken um dich.
Du warst schon immer
der Pol der Gefühle.
Du nimmst was du brauchst,
gibt's was du kannst.

Oh du herrliches,
Oh du schönes,
Schwarzes Meer.

<u>Horizont</u>

Ich sitze am Ufer,
vor mir schlägt die Brandung sanft an,
ein leichtes Säuseln und Plätschern.
Die Sonne steht auf meinem Rücken.
Das Wasser kräuselt sich.
Die Möwen ziehen
rufend ihre Kreise.
Der Himmel tut sich auf,
leichte Wolken und die Dämmerung
weit in der Ferne,
kündigen von Abendlaut und Ruhe.
Der Horrizont erscheint so nah
und ist doch so fern.
Wo endest du?
Meine Gedanken sind frei,
fliegen mit den Möwen
dem Horizont entgegen.

<u>Ihr Land</u>

Mein Herz ist entfacht,
kein Weh und Ach.
Sonne von März bis Oktober.
Menschen arm an Geld,
aber reich an Liebe,
zeigen Gefühl.

Ihr eigen Stolz!
Ihr Land!
Bulgaria

Frauen stolz,
egal welchen Alters,
gehen erhobenen Hauptes.
Männer servieren voller Stolz
ihr eigen Rakija.
Ein freundlich Völkchen
kaum beachtet,
beherrscht oft von anderen.

Ihr eigen Stolz!
Ihr Land!
Bulgaria

Vom Schwarzen Meer
bis in die Berge,
tiefe See, hohe Gipfel.
Ob Varna, Burgas, Sofia,
Bansko oder Plovdiv.
Ob Vidin, Dobrich, Montana,
Lovech oder Stara Zagora.

Ihr eigen Stolz!
Ihr Land!
Bulgaria

Ob Jung, ob Alt,
geschwellte Brust,
Stolz in ihren Augen.
Alte Weisen singen
und tanzen.

Ihr eigen Stolz!
Ihr Land!
Bulgaria

Beherrscht von vielen,
Jahrhunderte gezwungen,
Sklave, Lakai zu sein.
Ausgebrochen, aufgestanden,
befreit, neu angefangen.

Ihr eigen Stolz!
Ihr Land!
Bulgaria

<u>Jahresend</u>

Ein Klang, ein Rauschen,
Stimmen, ein wisch wisch wisch,
Blätter aneinander reiben.
Der Wein Gold glänzend.
Die Äpfel rote Bäckchen kriegen.
Tomaten letzte Pflanzen reifen.
Weißer Pfirsich reift,
süß und zart.
Krokuss wieder erblüht.
Der Sommer langsam geht,
der güldne Herbst erstarkt.
Die Tage warm wie im Juni.
Nächte frisch und lau,
ein Hauch von Wind.
Die ersten Vögel Schwarz und Weiß,
Ziehen herüber.
Es kündet sanft
das Jahr
sich neigt dem Ende zu.

<u>Kalte Zeit</u>

Des Pflugesscharr verstummt.
Das letzte Blatt gefallen.
Die Erde zugedeckt,
mit feinem weißem Schleier.
Das Wasser mit Eis sich bedeckt.
Der Bär sich zur Ruh begeben.
Der Tag kurz sich streckt,
die Nacht lang sich ins Fenster reckt.
Das Holz lichterloh,
im Kamin wärme schenkt.
Der Winter ist wieder da.

__Frau__

Dein Haar,
weht mit der Brise.
Deine Augen funkeln,
wie Bernstein.
Deine Lippen erregt,
wie das Meer bei Sturm.
Dein Körper grazil,
wie eine Antilope.
Du gleichst nichts,
was ich schon gesehen habe.
Eine Rose in voller Blüte.
Du blendest selbst die Sonne,
in deren Antlitz,
du dich erhebst.

Weh und Ach

Oh du mein Weh,
Oh du mein Ach.
Ich weiß nicht,
geb ich Lust und Laun,
oder mauer ich
Frust und Zaun.
Oh mein Gefühl,
red zu mir,
sag mir,
welchen Weg soll ich gehen.
Lass mich nicht stehen.
Zeig mir schnell,
was falsch, was richtig.
Oh mein Weh.
Oh mein Ach.

<u>Verstand</u>

Ein lang Weh,
ein Ach,
warum nur?
Wieso passiert,
Was nicht sein darf?
Wieso lebt mein Verstand im Nirgendwo?
Wieso lassen meine Gefühle,
sich nicht unterkriegen?
Wieso bleibt er stumm?
Wieso will er mir den Dienst versagen?
Wieso gibt er mir keinen Rat?
Verstand komm werd wach,
lass verhindern,
das Leibe macht,
was nicht sein darf.
Dass Gefühle alle Ethik brechen.
Lass mich nicht im Stich,
nicht jetzt.
Bitte komm zurück.

Zu Haus

Versunken tief ich spür,
kaum Sonn,
kaum Wind.
Der Sand zwischen meinen Zehen.
Das Meer plätschert,
sanft vor mir.
Auf dem Grund,
die Krabbe zieht ihre Bahn.
Die Hülle einer Muschel,
treibt zwischen Meer und Ufer,
die Brandung spielt mit ihr.
Wärme im Herzen,
in meiner Seel.
Ich weiß,
ich bin zu Haus,
will nie mehr fort von hier.
Schenk dir,
oh du mein,

Bulgarien,
mein Herz,
meine Seele.
Du bist tief in mir,
erwecktes mich zum Leben,
gabts mir Ruhe und Geborgenheit.

<u>Vaterstolz</u>

Ein gülden Tag,
die Sonne neigt sich
zur Erde herab.
Langsam zieht der Wind aus Tal,
ruhig sich bettet die Natur
zur Nachtes Still.
Noch ein Zwitschern,
der letzte Vogel des Tages.
Kinder kommen nach Haus,
Eltern haben Feierabend.
Vater nimmt sein Sohn in den Arm,
stolz seine Tochter er sieht.
Er denkt,
ja ich bin zu Haus,
daheim.

Wer Eins nicht Ehrt

Einfach zum Zweifach,
wer ein Dreifach will,
oft zu Vierfach,
auch das Fünfach schließt,
zum Sechsfach nichts verfügt,
im Siebenfach sich häuft,
das Achtfach nicht verkauft,
selbst Neunfach sinnlos scheint.
Am End das Zehnfach,
doch wird nur,
zum Einfach ohne Null.

__Adonis__

Kein Adonis ich bin,
versuch dir zu sagen,
welch Gefühle in mir sind.
Hab Angst,
das du lachst.
Du mich hasst.
Denn ich bin Alt,
du jung und schön.
Ich nur Schriftsteller,
ein armer Poet.
Der dir nicht reichen
kann das Wasser.
Meine Liebe ist groß,
zur schönsten Rose,
die ich je sah.
Mein Herz rein, das leg ich dir zu Füßen.
Mein ein und alles,
mein golden Stern.

In Liebe entfacht zu dir

Jeder Gedanke,
jedes Gefühl,
jeder Atemzug,
kreist nur um dich.

In Lieb entfacht zu dir.

Auch wenn nicht sein darf,
was ist.
Auch wenn alle schauen,
mit Fingern auf mich zeigen.

In Liebe entfacht zu dir.

Neue Gedanken bleiben fern.
Nicht's bricht aus mir,
nur du bist in mir.

In Liebe entfacht zu dir.

Niemand versteht,
was ich fühle.
Auch wenn ich weiß,
du bist weit,
doch bist du in meinem Herzen.

In Liebe entfacht zu dir.

Doch ich Liebe dich

Jeder wird mich schimpfen,
einen Lüstling,
einen Perversling.
Verstehn, kannst nur du mich.

Doch ich Liebe dich!

Auch wenn sie mich lynchen,
wenn sie mich jagen,
verlangen dir zu entsagen,
dich zu vergessen.

Doch ich Liebe dich!

Liebe werden sie nicht dulden,
Verlangen nicht zulassen,
Seelen brechen,
Herz töten.

Doch ich Liebe dich!

Sie werden mich nicht lassen,
Sie werden mich zwingen,
Sei werden nicht ruhen,
Sie werden mich hetzen.

Doch ich Liebe dich!

Augen lasst euch blenden,
Herz lass dich verbrennen,
Blut erfrieren,
Gefühle verjagen.

Doch ich Liebe dich.

Bulgaria, oh Bulagria

Bulgaria, oh Bulagria.

Weite Felder und grüne Wälder,
Hohe Berge und tiefe Täler,
tiefes Meer und weite See.

Bulgaria, oh Bulgaria.

Alte Weisen singen,
neue Klänge gefunden,
tanzen und feiern.

Bulgaria, oh Bulgaria.

Unterdrückt durch viele,
besetzt zu lang,
beherrscht von Fremden.

Bulgaria, oh Bulgaria.

Befreit von Unterdrückung,
zusammengefügt zu einem,
gestorben für die Freiheit.

Bulgaria, oh Bulgaria.

Zukunft im Auge,
Gengenwart zu leben,
Vergangenheit nie zu vergessen.

Bulgaria, oh Bulgaria.

<u>Morgen</u>

Einsam streif ich
durch Wälder, Auen,
Berge und Täler.
Des hohen Tann mich erfreut,
meines Herzenseel tief in mir ruht.
Langsam sich die Sonne erhebt,
zieht sanft über Wies und Baum,
taucht alles in ein überirdisch Licht.
Tau sich trennt,
in des Morgenstund vom Grase.
Leg mich in das feuchte Bett,
des Wiesenpflaums.
Sehe Wolken ziehen,
Schlösser bauen.
In des Taues Tropfen,
sich der Regenbogen bricht.
Sanft ich die Augen schließ,
Ruhe mir gibt's,
für des Tages Kraft.

<u>Hering</u>

Er zieht durch das Meer,
glänzt im Sonnenschein,
seine Schuppen spiegeln tief.
Er kreist, sucht sein Fressen.
Er lebt frei ohne Angst,
er weiß die Gemeinschaft,
ist seine Macht,
Einzeln verletzlich,
zerstörbar,
Der Macht der Großen ausgeliefert.
Doch er lebt,
er trozt allem,
wehrt sich,
denn viele sind alles,
Einer ist nicht's.

Ein und Alles

Ein Lächeln, ein Blick,
du bist mein Sonnenstern.
Du bist meine Luft.
Du bist mein Wasser.
Deine zarten Brührungen,
geben mir Ruhe und Frieden.
Dein Atem heilt meine Wunden.
Du gibt's mir das,
was bis jetzt fehlte.
Du bist das Blut
in meinem Adern.
Du bist der Hauch des Lebens.
Du spiegelst das Leben.
Du bist mein Ein und Alles.

<u>Morgenrot</u>

Das lichte Morgenrot,
schimmerd zart schmelzend,
durch die Wipfel,
der großen Tanne.
Meine Augen öffnen sich,
sie sehen,
das Gold meines Lebens,
spüren,
den Atem meines Lebens.
Sie zögern nicht,
zu zeigen,
das sie froh,
es zu erleben.
Denn sie sehen dich,
meinen Engel,
den ich lieb,
als wärs mein eigen Blut.

Einsam

Einsam wach ich,
der Gedanke,
lässt mich nicht schlafen.
Ich fahr Achterbahn
hinauf und immer wieder,
tief herab.
Mein Herz weis was ist,
mein Verstand sagt nein.
Ich sehe dich täglich,
hör deine Stimme,
sehe dein dunkles Haar
im Wind wehen.
Deine Figur sich grazil,
wie eine Rose im Wind wiegen.
Deine Augen tief und rein.
Dein Lächeln sich,
tief in mein Herz schleichen.
Du bist ein Traum
und doch so wahr.

<u>**Teddy**</u>

Mit 2 Jahren kammst zu mir,
von Heut auf Morgen,
gabt's mir dein Herz.
Zwei Seelen trafen sich,
wurden eins,
für immer und ewig.
Du weinst,
deine Beine versagen ihren Dienst,
wenn ich geh.
Freust dich,
bist gesund,
wenn ich komm.
Bist ein Frauenheld,
ob Mensch oder Tier.
Liebst es,
wenn sie dich rufen,
mit lieblich feiner Stimme.
Jede Hundedame ist dein,

bist der King im Revier,
alle Rüden zollen dir Respekt.
Wachst an meinem Bett,
wenn ich schlaf oder krank.
Wenn ich wein und trauer,
du mir spendest Trost.
Bist mein kleiner großer Teddy,
mein Freund,
mein Kumpel.
Gibt's,
was man dir gibt,
bist kein Heuchler,
kein Schmeichler.
Ich liebe dich,
mein kleiner großer Held.

Cottage

Grüner Baum,
Strauch weiß blühend,
rote Rosen,
links seits,
rechts seits.
Der Weg sich bahnt seinen Lauf,
erreiche auf des Fußessohl,
die Tür meines Cottage.
Schweres braunes Holz,
umfasst von weißen Latten,
Türklopfer aus Messing.
Sich fügt in mein Garten,
Blumen, Büsche, Sträucher,
Bäume umsäumen dich.
Mein klein fein lieblich Kleinod.
Frei atme ich hier,
bei dir,
du meine Zier.

<u>Ode an den Winter</u>

Oh wie lang,
haben wir dich vermisst.
Du der uns schenkt,
Segen und Frieden.
Du der uns gibt,
die Kraft für ein Jahr neu zu tanken.
Du der der Erde,
Kraft gibt uns zu ernähren.
Warum schimpfen alle auf dich.
Du bist der,
der uns auch im Dunkeln leuchtet.
Du der uns zusammenrücken lässt.
Du der malst die schönsten Blumen.
Du der entstehen lässt die schönsten
Landschaften.
Du der Altes beseitig.
Du der,
die Erde unter einer Decke versteckt.

Du der löst,
die schlimmste Zeit des Jahres ab.
Du der,
uns Sonne schenkt,
trübe Tage doch schön erscheinen lässt.
Hülle mich in dein Kleid,
denn für mich bist du so schön,
wie du sein sollst.

__Königin__

Elfengleich,
fein wie eine Dame.
In ewiger Liebe,
ich entfacht.
Dein Mund,
zart wie ein Wolkenschleier.
In voller Inbrunnst
mich erzittern lässt,
meines tiefsten Seel treu.
Rastlos ich wandel,
in Liebe zu dir entbrannt.
Mein Blut gerinnt,
deine Schönheit mich zieht ,
in ihren Bann.
Welch Chaos in mir wohnt,
mein Herz erbebt,
wenn es sieht seine Königin.

<u>DU</u>

Du,
bist mein Atem.
Du,
bist mein Durst.
Du,
bist mein Hunger.
Du,
bist mein Blut.
Du,
bist mein Herzschlag.
Du,
bist mein Augenschein.
Du,
bist mein Gedanke.
Du,
bist mein Gefühl.
Du,
bist mein Leben.

<u>Prinzessin</u>

Holde Prinzessin,
komm vom Berg der Rosen.
Habe gekämpft
gegen Unholde, Hexen
und bezwang die Zwerge.
War im Garten,
des Roten Drachen,
holte nur für dich,
holde Schöne,
die Rose "Wunderschön".
Floh auf meinem weißen Pferd,
stürzt über Stock und Stein.
Entkam den Sirenen,
merkte ihre Macht nicht,
mein Herz schon bei dir.
Nun knie ich vor dir,
reich dir diese Blume,
in deren Antlitz,

du dich erhebst.
Reich dir mein Herz,
schenk dir meine Liebe.
Nimm dies,
ich geb es dir gern,
meiner wunderschönen holden
Prinzessin.

<u>Zerstörung</u>

Oh Menschlein,
welch Macht nimmst du dir.
Denskt sei dein,
denkst stehst über allen.
Kannst bestimmen wer steht,
wer fällt.
Sagst wer isst,
wer gegessen wird.
Veränderst Natur,
vernichtest dein eignen Lebensraum.
Vergisst,
du bist nur eins,
von vielen.
Kehr in dich,
zerstörst dich sonst selbst.

Armer Poet

Ein armer Poet ich sei,
darbiet euch meine Kunst,
trotzdem sei ich frei,
nutz der Stunde Gunst.
Tief in meiner Seele,
ruht in mir,
keine Eile.
Schenk ich dir,
meines Wortes Macht,
meines Gefühles Verstand.
Nutz sie sacht,
reiß ein die Wand,
bring Wärme und Freud,
nimm Kälte und Neid,
begrab Hass und Gier,
bring Liebe und Frieden,
zurück zu ihr,
der gesamten Menschenwelten.

__Katzenjagd__

Leise schleichend,
Augen fest,
sein Ziel ist nah,
zum Sprung bereit,
jedes Haar unter Spannung,
Fell samtweich,
der Schwanz ruhig,
kein Laut zu hören,
Ohren angelegt,
das Opfer fest im Blick.
Sprung,
Schlag,
Beute,
erfolgreich die Jagd.

<u>Allein</u>

Wer Treu bricht,
wird nicht Wert des Anderen.
Liebe nie tritt mit Füßen,
Schmerz kommt zurück.
Brichst du das Herz des Anderen,
du einsam unter Massen.
du brichst dich,
niemand wird dich halten.
Du stürzt ohne Ende,
das Grauen bricht herein,
nimmt dir das Licht,
du bist allein.

<u>Ja oder Nein</u>

Oh mein Herzenschmerz,
sitze denk an dich,
Worte viel ich habe,
trotzdem keins dich tragen kann.
Du stehst hoch oben,
schaust von unten,
deine Augen klar und tief.
Sie fragen mich,
doch du mußt sagen,
denn du weißt,
mein Herz ist dein,
solang du willst.
Nie eine andere für mich gibt.
Drum ist dein,
zu sagen ja oder nein.

Kamin

Langsam neigt sich Tag,
zur Nacht herein.
Die Lichter angezündet,
im Kamin das Feuer lodert.
Sanft dein Duft,
durchzieht das Haus.
Sehe deine Augen,
groß, tief und klar.
Deine Lippen,
fein mein Ohr berühren.
Spüre deine Wärme
dicht an mir.
Mein Herz pocht vor Freud.
Ich fühl mich geborgen,
friedlich und zufrieden.
Ich liebe dich.

__Vereint__

Oh weh,
oh du mein,
ich will nicht sein.
Gibt's mir Speis und Trank,
meine Seel nicht mehr krank.
Riech den Hauch des Meeres,
den Duft der Rosenflut.
Mein Herz sich nieder kniet,
du mein ich bin dein.
Wird dich nie verraten,
gibt's mir die Kraft und Mut.
Wir gehen durch Berg und Tal,
schreiten am Strand,
Tag und Nacht.
Ich geb dir was ich kann,
du mein geliebtes,
Bulgarien.

Gartenmitte

Ich sitzt in des Gartenmitte,
geniess den gülden Herbst.
Blätter fallen,
Obst reift,
Gläser für des Winterfrost,
gelagert in des Kellergruft.
Gefrost Gemüs bringt Kraft,
an des Tages kürzester Zeit.
Sonne getankt,
in des letzten Tagesstand.
Trauben süß und saftig,
mir munden,
geben mir Freud zu warten,
auf des Frühlingszeit.
Liebe jede Jahreszeit,
an dir Jahr,
du Zeit,
mein glücklichstes Pfand.

Leben

Ich bin frei,
kein Stress,
keine Hektik.

Das Leben,
so wie es lebt.

Kein Zwang,
kein Muss,
so wie du kannst.

Das Leben,
so wie es lebt.

Die Gedanken offen,
die Ruhe in mir,
die Vergänglichkeit geniessen.

Das Leben,
so wie es lebt.

Du kehrst in dich,
spürst dein Herz,
deine Seele.

Das Leben,
so wie es lebt.

<u>Weib</u>

Oh du holdes,
mir Sinne raubendes,
klarer Verstand verspielendes,
Herz zerreißendes,
Blut gerinnendes,
mein holdes,
Weib.
Lass mich dürsten,
lass mich darben,
gib mir Kraft,
dir zugeben,
um des Verstandes bringen,
meine ganze Liebe.

Alles

Zarte Haut,
Wimpern fein,
Augen tief,
Lippen zart,
Stimme lieblich,
Das bist du für mich.

Elegant,
Zart,
Zerbrechlich,
Beschützenswert,
Stark,
Schön,
Das bist du für mich.

Freundin,
Frau,
Geliebte,
Muse,
Göttin,
Das bist du für mich.

Das bist Du

Zarter Sonnenstrahl sich bricht,
tiefer Glanz erstrahlt,
lieblich feines Lächeln,
zarte Haut,
feines Haar,
weiche Lippen,
gekrönt von Augen,
einem Meere gleich,
Sturm erbietend,
tiefes Seelenbuch,
glänzend,
wie der Morgentau.

Stern

Du stehst hoch oben,
leuchtest mir im Dunkeln.
Gibt's mir Kraft zu sehen,
was sonst unsichtbar scheint.
Du bist ein Punkt,
an dem ich weis,
hier find ich Ruhe
und Geborgenheit.
Du lebst weit von mir,
doch fühl ich,
dich tief in mir.

<u>Apfel</u>

Du schmeckt's mir,
als Mus,
oder in Scheiben,
selbst als Saft
oder Most.
Essen tue ich dich
im Winter,
sowie zu allen Zeiten.
Im Sommer gibt mir,
dein Stamm halt,
deine mächtige Blütenkrone Schatten.
Du gibt's mir soviel,
du mein mächtiger,
majestätischer
Apfelbaum.

Neuer Abend

Blumenduft fein,
zieht durch Wald und Flur.
Goldner Weizen wiegt sich
im zarten Sommerwind.
Wolken,
zart wie Zuckerstaub,
bauen fein Gebilde,
lassen uns streifen in weite Ferne.
Warm umspielt die Sonne
mein Gesicht.
Sanft der Wind bricht,
leicht an meinem Haar.
Das Wasser sanft kräuselnd,
sich zieht über's Ufer.
Auf dem See,
die Schwäne tänzeln.
Sanft bricht herein,
der neue Abend.

Schutz

Große Augen
tief wie das Meer.
Ein Seelenbuch
lieb und fein.
Glanz wie Diamant,
so rein,
so unschuldig,
bohren sich tief in mein Herz.
Es kocht,
kann sich nicht trennen.
Tränen fein wie Nektar,
wer verletzt dich,
das du weinst.
Mein Engel,
mein Schatz.
Behüte dich,
bin dein Ritter,
lass mich dich nehmen,
In den Arm.

<u>Vermiss dich</u>

Ich vermiss dich,
mein Engel,
mein Stern,
mein Bengel.
Hab dich gern,
mein Teufelchen,
mein Lämmchen,
meine Rose,
mein Sonnenstrahl.
Hab dich gern,
weis kein Schlaf,
denk nur an dich,
Tag ein,
Tag aus.
Ich vermiss dich.

Wintersturm

Er lässt die Flocken tanzen,
er peitscht sie durch die Nacht,
er ist ihr Herr,
er lässt ihn keine Ruh,
sie müssen tun ihm zu gefallen.
Lässt Blumen blühen,
starr vor Eis.
Deckt die Erde zu,
ein weißer Schleier fein,
zur Ruh kommen,
was schlafen soll.
So bitter kalt,
wer nicht Sein,
muss versteckt sein.
Pfeift durch die Nacht,
bringt Winter mit aller Macht.

<u>Foto</u>

So nah
und doch so fern.
Gefühl in mir,
Körper tausende Kilometer entfernt.
Mein Herz schlägt,
bis zum Hals
nimmt mir Luft zu atmen.
Meine Arme greifen ins Leere.
Ich seh dich nah,
fühl die Liebe
tief in mir,
kann dich nicht riechen,
weder schmecken
noch fühlen.
Ich will dich,
doch du bist
nur ein Foto hier.

__Dein__

Hoffnung mein,
treib ich frei,
hab kein Stolz,
bin feig,
trau mich nicht.

Doch meine Liebe,
ist dein.

Mein Herz,
mein Verstand,
meine Gefühle,
alles ist bei dir,
ich kontrollier nichts

Doch meine Liebe,
ist dein.

Sie werden mich ächten,
werd verstoßen,
keine Heimat,
kein Halt,
ich versteh mich selbst nicht.

Doch meine Liebe,
ist dein.

Kämpf für dich,
lebe für dich,
sterbe für dich,
als Don Quichote,
Casanova,
Goethe.

Doch meine Liebe,
ist dein.

???????

Pulsierender Schlag mich trift,
die Liebe mich erwischt,
von hier auf gleich.

Rose Bulgarien's,
mir den Kopf verdreht,
mein Herz gestohlen.

Ein Blick tief,
ihre Augen,
meine Seele verschlungen.

Sich tief in mir gebrannt,
ein Aufschlag,
des Stimmes Klang.

Lechzend ich zerfloß,
nicht erreichen konnt,
du so weit entfernt.

Augenblick kurz und zart,
mein Herz entfacht,
deine Schönheit mich gebannt.

Verloren in des Liebes großem Meer,
kein Entrinnen,
kein Entkommen.

Alles ich dir geb,
kein Sinn ohne dich,
meines Herzenseel für dich.

Der Tanz der Störche

Elegant am Himmelszelt
sie ziehen.
Zu tausenden,
kreisend hoch oben,
nieder schwebend.
Einer rechts,
einer links,
Herzen sie bilden.
Fein zart mit ihren Schwingen
den Wind zerschneiden,
majestätisch elegant,
jeden Hauch nutzen.
Tanzen sie ihr Spiel
und ziehen gegen Süden.

<u>Ode an den Storch</u>

Elegant fein zart,
schwingt er sich hinauf,
gleitet durch die Luft,
spielt mit dem Wind.
Unbekümmert
wirft er seine Schwingen
auf und nieder.
Weiß,
wie der Morgenschnee.
Schwarz,
wie die Nacht ohne Mond.
Rot,
wie mein Herzen's Blut.
So kreist er am Himmelszelt,
nicht allein,
nein Tausende von ihm.

Nacht am Meer

Fein treu ich treib,
mein Herz so frei,
die Gedanken leicht,
das Gefühl so hoch.
Am Ufer die Brandung bricht,
weiße Kronen auf ihr ruhen.
Am Horizont,
das Schiff sich wiegt.
Die Möwe kreist,
der lezte Sonenstrahl,
erhellt das Ufer,
streichelt sanft den Sand.
Eine Brise fein,
sich schleicht
an Land.
Drum lasst uns begrüssen,
die Nacht am Meer.

Zussammenhalt

Des Machtes schlagt,
erwürgt den Kleinen,
ringt ihn nieder,
zwingt ihn sich zu ergeben,
bringt ein Sklavenleids
Ihn zu tun.

Doch wenn all die Kleinen,
sich zusammen.
Die Macht sich schliesst
und bringt ihr Glück
und Leid
zu ihnen.

Sie führt sie nach vorn
und die einst so starken,
nun allein.
Der Kleine obsiegt.

<u>Frida</u>

Gefunden 2 Wochen alt,
in einer Mülltonne.
Niedlich und süß,
helles struppiges Fell,
Augen flehend.
Erste Nacht dem Tod näher,
als dem Leben.
Bauch dick und gebläht,
Fieber, Atemprobleme,
Karin kämpfte,
Tag und Nacht für dich,
du süßer Fratz.
Wächst heran
zu einer stolzen jungen Dame.
Frech, süß, ausgekocht,unersätzlich,
das bist für uns geworden.
Unser kleiner blonder Teufel.
Wir lieben dich Frida.

<u>Wacht</u>

Einsam Wacht,
die Nacht zum Tag gemacht.
Den Seelenschmerz betäubt.
Die Glieder schwer,
des Herzen Leid.
Oh du mein Engel,
warum, warum nur,
bist so weit weg,
kann dich nicht greifen,
sehen, spüren.
Will nur dich,
nicht reich sein,
kein Modell.
Will werder Gott noch Teufel.
Will einfach nur dich,
mein Engel.

Nachwort

Diese Gedichte sind Sachen, die ich so in meinen eignen Augen erlebt habe. Ich gebe sie so wieder, wie es mir mein Innerstes erzählt. So wie ich es mit meinen Augen sehe. Es sind Gedichte und Prosa, von der Liebe und dem Hass, der auf unserer Welt lebt.
Ich danke Aspruh Kostov für seine Mitarbeit und der Übersetzung des Gedichtes "Bulgarien" auf bulgarisch. Auch meiner Schwester sei gedankt, von ihr stammt das Bild zum Gedicht. Es ist in den Farben der bulgarischen Fahne gehalten.
Seite 71 ist mit Absicht in acht Fragezeichen gehalten. Ich wünsche allen viel Spass beim raten, welches Wort dort hingehört. Ein kleinen Tipp, die Lösung geht über das Gedicht. Es beinhaltet die Antwort.

Viel Spass